Para que serve a psicanálise?

PSICANÁLISE PASSO-A-PASSO
Direção: Marco Antonio Coutinho Jorge

Ver lista de títulos no final do volume

Denise Maurano

Para que serve a psicanálise?

5ª reimpressão

ZAHAR

Jorge Zahar Editor Ltda.
rua Marquês de S. Vicente 99 – 1º
22451-041 Rio de Janeiro, RJ
tel (21) 2529-4750 / fax (21) 2529-4787
editora@zahar.com.br
www.zahar.com.br

Capa: Sérgio Campante
Composição eletrônica: TopTextos Edições Gráficas Ltda.

5ª reimpressão: 2016

CIP-Brasil. Catalogação-na-fonte
Sindicato Nacional dos Editores de Livros, RJ

Maurano, Denise
M412p Para que serve a psicanálise? / Denise Maurano. — Rio de Janeiro: Zahar, 2003.

(Passo-a-passo; v.21)

Inclui bibliografia
ISBN 978-85-7110-725-0

1. Psicanálise. I. Título. II. Série.

CDD: 150.195
10-0805 CDU: 159.964.2

Sumário

Introdução

A questão "Para que serve a psicanálise?" pode ser pensada por duas vertentes. Uma, mais pragmática, do tipo: sendo a psicanálise um tratamento, ela serve para tratar o quê? Que tipos de patologias ou sofrimentos? Há um momento apropriado para buscar esse tipo de ajuda? E ainda, no que ela pode ajudar? Ela resolve os sintomas? Qual a diferença da ajuda de um psicanalista para aquela do psicólogo ou do psiquiatra?

Há, ainda, uma segunda vertente. Trata-se daquela que, inserindo a psicanálise no universo dos dispositivos inventados pela cultura, busca pensar sua utilidade nesse plano mais amplo. Ou seja, o que será que a psicanálise, o pensamento psicanalítico, trouxe de novidade para a cultura? A psicanálise serve para marcar que tipo de orientação ética na abordagem da condição humana?

A questão-título será aqui abordada nesses dois planos, até porque eles encontram-se imbricados um no outro. O caráter propriamente utilitário da psicanálise não pode ser abordado rigorosamente, nem é passível de ser bem apreendido, se não se explicita qual é sua direção ética.

Se queremos saber para que serve a ação de um psicanalista, devemos então retornar ao sentido dessa ação para averiguar o que a fundamenta e sobretudo o que ela visa. Fazer isso é refletir sobre o sentido da ação — o que significa realizar uma reflexão ética.

Transmitir aquilo a que a psicanálise diz respeito não é uma tarefa nada fácil, sobretudo porque a objetividade tão cara ao discurso científico é impotente para abordar a complexidade do psiquismo humano. Não é à toa que Freud, o inventor da psicanálise, valeu-se inúmeras vezes da arte, da literatura, da mitologia, da filosofia, entre muitos outros recursos, para explicitar seus pressupostos. É como se encontrasse neles vias para mostrar a dimensão do indizível, do que escapa à possibilidade de ser abordado pelo universo da lógica da consciência.

Como a psicanálise se situa nesse campo entre a ciência e a arte, decidi, então, não me furtar de me valer desses recursos, já que como bem se sabe o cientista tem sempre muito a aprender com aquilo que o artista antecipa. Assim, vocês encontram nesse livro o amalgamento de questões relativas a aspectos práticos da clínica psicanalítica estrito senso, articuladas a uma reflexão sobre a função da psicanálise na história da cultura.

Isso lhes é apresentado em seis seções, começando pela discussão do lugar da psicanálise no mundo de hoje. Nesse mundo da virtualidade, da fascinação pela "telinha", das telecomunicações, do consumo desenfreado, qual será a pertinência da psicanálise? Passo, então, para uma interlocução entre a psicanálise, a história e a arte. Busco situar os fundamentos da proposta ética da psicanálise como articulados a perspectivas que certas estéticas, certas expressões artísticas, bem servem para explicitar.

Tendo mais claro o que a psicanálise visa no sentido mais amplo, podemos então pensar quando cabe procurar um psicanalista. Assunto de nosso terceiro capítulo. Isso posto, mais um passo pôde ser dado na direção de situar as condições preliminares de um processo psicanalítico. Afinal, uma psicanálise não começa só porque se foi ao consultório de um psicanalista. Não se define nem mesmo pela freqüência a esse consultório, mas depende de certas condições que tento esboçar nessa seção e que se referem ao *desejo decidido*, implicado nesse processo.

Passamos, então, a uma explicitação do conceito de desejo em psicanálise e à discussão sobre sua abordagem na clínica psicanalítica. Na conclusão, a questão da ética da psicanálise foi retomada nesse momento não tanto na perspectiva de seus fundamentos, mas sim de suas conseqüências, novamente, não apenas no campo da clínica, mas também no campo da cultura.

Tento com isso aportar-lhes uma visão, ainda que sumária, o mais rigorosa possível, da questão: para que serve a psicanálise?

A psicanálise e o mundo de hoje

Há quem diga que "esse papo de Freud está ultrapassado. Com tantas mudanças em um século, Freud já era!" Ou ainda: "A psicanálise já era!"

Não faz muito tempo, participei de uma mesa-redonda cujo tema era a subjetividade na contemporaneidade. Nela um expositor, falando a respeito das novas tecnologias, mencionava o fato de vivermos na era da simulação, argumentando que, se a aceleração das mudanças nos lança na incerteza quanto ao futuro, resta-nos antecipá-lo levando a vida no interior de cenários virtuais. Assim, as novas tecnologias, aquelas de processamento e difusão de informação, como internet, televisão, rádio e similares, seriam os efetivos espaços vivenciais contemporâneos, e, para ele, falar a um analista sobre problemas, explorar idéias, reflexões, estaria ultrapassado frente às novas inquietações e aos recursos disponíveis em nossos tempos.

Seguramente eu não concordo com isso, e vou explicar por quê — afinal trata-se não apenas da questão "para que serve a psicanálise?", mas do que ela nos vale hoje. Para começar essa discussão, uma lembrança me vem à mente. Há algum tempo, numa das entrevistas do programa *Roda-Viva*, na televisão, escutei um cientista americano, reconhecido pela quantidade de novos inventos tecnológicos que produziu ao longo de sua vida, ser interpelado por um dos entrevistadores que imaginava que, provavelmente, nada surpreendia esse grande inventor. O cientista replicou dizendo ter ficado espantado com o desenvolvimento das telecomunicações no último século. Disse ter esperado que a tecnologia se desenvolvesse muito mais na direção da facilitação do trabalho, execução de tarefas, e não tanto nesse outro sentido da comunicação entre os homens. Isso o surpreendeu.

Nesse mesmo sentido, é curioso observarmos as aspirações de desenvolvimento prospectadas no antigo desenho animado Os Jetsons, de mais de trinta anos atrás, para percebermos o quanto era exatamente a facilitação do trabalho que ali era privilegiada. Congestionamento de trânsito, problemas com a empregada doméstica? Nem pensar... Havia tubos acopláveis às costas, robôs para fazer as tarefas de casa, absoluta praticidade na alimentação, e por aí era anunciado o que se esperava para o futuro.

Eis que o futuro chegou, e o que tomou a frente da cena parece ter sido mesmo o que diz respeito à comunicação. Creio poder dizer que, no fim das contas, o que mais se acelerou em nossos tempos foram os laços que nos ligam, ou tentam nos ligar, uns aos outros. Afinal, a comunicação não visa isso? É verdade que mediados pela alta tecnologia — fios, eletricidade, dispositivos ópticos ou qualquer outro processo eletromagnético —, mas o que está no centro da cena é o apelo à criação de laços com os outros.

Se em outros momentos da história da humanidade o homem apelava a outros valores para se haver com as dificuldades da vida — como a constituição da lei, a fé em Deus, as luzes da razão —, na contemporaneidade parece ser no anseio de criar laços, de comunicar-se, que o homem aspira a encontrar a salvação para suas dificuldades e, sobretudo, para o seu desamparo. Ancorados uns nos outros buscamos obter algum apoio, mesmo que o outro ao qual nos ligamos esteja nas mesmas condições de desamparo que nós mesmos. Isso parece estar bem representado na pintura *A parábola dos cegos*, de 1568, do pintor flamengo Pieter Brueguel, chamado o Ancião, na qual uns tantos cegos, andando pela rua em fila, encontram-se certamente uns apoiados nos ombros dos outros, porém todos juntos não sabem aonde vão chegar.

Esse apelo a se ligar aos outros participa obviamente da história da humanidade, mas o que chamo a atenção aqui é para o fato de, na contemporaneidade, termos inflacionado essa estratégia. Assim, as pessoas recorrem mais facilmente a alguém ao alcance da mão, ou ao alcance da linha telefônica, do que a um templo religioso para se amparar. Da mesma forma, também não crêem mais nos poderes da racionalidade para encontrarem uma fórmula para melhor viver. Parece que estamos mesmo sob o império de Eros. E Eros não é apenas o deus do amor, mas, tal como propôs a psicanálise, é sobretudo a tendência à promoção de laços, tendência a estabelecer ligações. É claro que a forma como isso se dá, *tête-à-tête* ou via internet, faz diferença, mas o elemento motivador e a natureza da busca, creio estarem inalterados, pelo menos por enquanto. O que a psicanálise chamou de *libido*, energia de Eros, cobra incansáveis investimentos, sobretudo no amor e na sexualidade, e traz em seu rastro a outra face da mesma moeda: o ódio.

Foi a inquietação da falta, vivida na contemporaneidade como falta de amor, ou insatisfação sexual, que deu origem à invenção da psicanálise. A psicanálise veio servir para tratar dos impasses decorrentes disso. Cedo, Freud percebeu que aquilo que fazia sofrerem as mulheres que ele atendia, e lhes fazia produzir sintomas inexplicáveis aos olhos dos médicos de seu tempo, não eram senão diferentes expressões de um mal inexorável: o mal de amor. Cedo, ele se deu conta, também, de que o tratamento para isso passava pela fala, pelos efeitos do acionamento desse fantástico dispositivo que é a fala. Através dela, nos incluímos nessa rede que nos envolve e tenta nos articular uns com os outros. E não importa se se trata de um surdo-mudo: certamente este também está incluído na estrutura de relações tecidas pela *linguagem*.

É verdade que desde a invenção da psicanálise até agora muita coisa mudou. Mudaram os costumes, a sociedade certamente não é mais a mesma, diferentes recursos para se lidar com a vida dominam a cena contemporânea. Porém não creio que tenhamos nos deslocado do apelo à libido como modo de operar com nossas inquietações. Muito pelo contrário, como bem observou o inventor americano acima mencionado, nunca se produziram tantos artifícios para ampliarmos nossos laços. O sucesso das salas de bate-papo e toda a correspondência veiculada pela internet o atestam. Isso sem falar da exploração que o marketing faz da questão, erotizando todo e qualquer objeto que se apresente ao consumo para melhor veiculá-lo.

Assim, diante da compatibilidade entre a natureza da inquietação que domina a cena atual e a natureza da invenção psicanalítica, esta última continua sendo um recurso privilegiado em nossos tempos. Com isso, quero dizer que diante dos inúmeros sintomas decorrentes do mal de amor, que constitui a tônica do mal-estar da atualidade, a psicanálise apresenta-se como opção para tratar dessa questão. No que se refere a maneira de lidar com as inquietações amorosas, as mudanças são acessórias, não fundamentais. Daí a pertinência da presença da psicanálise. Afinal, seja bem ou mal falada, a psicanálise continua sempre sendo lembrada.

Inúmeras propostas apresentam-se a cada dia para responder a essa idéia de que o "bom exercício da libido" resolve as dificuldades da vida. Desde o apelo ao consumo, seja de carros, mulheres, drogas, medicamentos, conhecimento, informação, tecnologia e tudo quanto se suponha que o dinheiro possa comprar, até as terapias mais diversas, tudo vai no sentido de sanar aparentemente, apaziguar imaginariamente, as pressões que movem esse apelo feito a Eros.

O que decorre dessa profusão de estratégias disponíveis na cena contemporânea é que o caminho que um sujeito trilha desde a constatação de seu mal-estar até chegar a um tratamento psicanalítico é, freqüentemente, bastante alongado. Muitas vezes ele só recorre à psicanálise depois de inúmeras tentativas fracassadas de suprimir seu mal-estar. É como se a sensação de vazio e desamparo, que ocasionalmente experimentamos de maneira mais grave, fosse um indicativo de uma doença que acomete a uns poucos desprivilegiados, da qual teríamos a todo custo que nos livrar o mais rápido possível. Tornamo-nos, assim, presas fáceis de vendedores de ilusões. Não que eu tenha algo contra as ilusões, muito pelo contrário: elas são alimentos fundamentais de nossas vidas. Sublinho apenas o risco da manipulação sórdida, cruel, que se faz nesse campo.

Na contracorrente dessas estratégias encontra-se a psicanálise. Por mais que em sua difusão ela tenha sido propagada das formas mais estapafúrdias, sua proposta, desde seus suados primórdios no rigor da ética cunhada por Freud, foi a de ser uma estratégia para tratar desse vazio, que na maior parte do tempo traduzimos por falta de alguma coisa ou falta de alguém. Sua intenção não foi a de constituir-se como promessa de saná-lo. Aqui, o tratamento é a cura, já que não podemos nos curar da ferida de sermos humanos. Ou seja, substituindo a idéia de cura como o que estaria na finalização de um tratamento, por meio da extirpação de um mal, entra em cena o procedimento investigativo do tratamento psicanalítico, que traz como uma de suas conseqüências o efeito terapêutico. O vazio é impossível de ser extirpado, mas cabe-nos encontrar meios menos nefastos de abordá-lo. Como li num folhetim: "Não se pode mudar a direção do vento, mas pode-se alterar a posição das velas."

Viver sem se haver com a dor da falta, seja esta identificada ao que quer que seja, é simplesmente inumano. Não podemos nos livrar daquilo que constitui propriamente a nossa humanidade, a nossa diferença em relação aos outros animais. O que pode ser alterado é a maneira como vivemos a experiência da vida, a posição que ocupamos ao nos defrontarmos com a falta daquilo que supostamente iria nos tornar completos. Sugiro que a palavra "psicopatologia" — em sua origem grega, "psico-pathos-logia" — seja traduzida ao pé da letra: busca de sentido (logia) daquilo que causa espanto (pathos) à alma (psico). Sem dúvida que esta incompletude nos espanta, e podemos reagir a isso, neurótica, psicótica ou perversamente. Voltarei a essa questão em breve.

Não pensem que estou defendendo uma posição pessimista, do tipo que toma essa incompletude como um defeito de fabricação com o qual teríamos que nos conformar. Não concordo com a idéia de que Freud ou Lacan — psicanalista francês, que se propôs a retornar ao rigor de Freud — sejam pessimistas. Defendo, sim, essa orientação ética que funda a proposta psicanalítica, acolhendo a vida não em uma dimensão ideal, como gostaríamos que ela fosse, mas em sua dimensão *real*. Sofremos os efeitos desse real todas as vezes que nos confrontamos com o fato de que as coisas não estão ao alcance de nossas mãos, como gostaríamos que estivessem. Isso é duro? Certamente. A expressão brasileira "cair na real" é primorosa na indicação da queda de ilusões que decorre da confrontação com o real, porém, negar sua existência, na promessa de que pelas forças da mente ou do que quer que seja poderemos escapar, intensificará, por conseqüência, nossa fragilidade — e não nossa força. Afirmar a vida com tudo o que nela há, de alegria e de sofrimento, de leveza e de dureza, é não a mutilar de nenhum de seus componentes. Mas obviamente, se é simples falar assim, não é simples viver dessa forma. Somos facilmente atraídos pela posição ressentida, "que injustiça fizeram contra mim!" Ou pela posição nostálgica, "bom é como era antes!" Ou, ainda, pelo vislumbre romântico que suspira por um ideal jamais passível de realização, sob pena de, caso efetivado, perder todo o encantamento.

Assim estamos nós em nossa radical humanidade, nessa condição de errantes, suplicantes de algo que nos oriente, que nos complete e acene com a possibilidade de precisão na adequação de nossas ações, dado que nunca sabemos direito se o que resolvemos fazer está certo ou não. Como humanos, subvertemos as determinações do instinto. Não comemos meramente por fome, nossas atividades sexuais não se limitam às funções biológicas, nosso sono tampouco. Somos afetados por inúmeras variáveis.

Nosso universo de necessidades é intermediado pelo das representações. As coisas não são o que são, mas o que representam para nós. Desta forma, podemos perder o apetite, ou comer demais, se ficamos tristes; podemos optar pela abstinência sexual por uma razão ideológica ou moral; podemos perder o sono diante de uma preocupação. O que nos rege não é propriamente um instinto, mas algo de outra natureza, que Freud propõe chamar de *pulsão*.

A adequação de nossa percepção ao que existe de fato é permeada por esse universo que nomeamos como campo da linguagem. Isso quer dizer que, se não temos um acesso direto e objetivo às coisas, inventamos um estratagema para contornar esse abismo que nos separa do mundo: inventamos a linguagem. Ou seja, desenvolvemos, mais que qualquer outro animal, nossa capacidade de nos comunicarmos por recursos simbólicos e imaginários. Inventamos palavras para designar as coisas, nomear o que nos falta; criamos ícones para adorar, ideologias para nos salvar do desamparo.

Construímos, com o desenvolvimento da linguagem, uma rede de elementos através da qual encontramos meios de nos referendar. Situamos, com isso, o Outro a quem nos dirigimos. Assim, eu não sou apenas Fulano de Tal, eu sou

Fulano, filho de Sicrano, neto de Beltrano, ou seja, sou parte de uma rede de relações, por onde apreendo algo da enigmática significação de mim mesmo. Encontro-me dentro de uma estrutura de parentesco, na qual assumo funções diferentes conforme o elemento com o qual me relaciono: em relação aos meus pais sou filha, em relação aos meus filhos sou mãe, e assim por diante.

Porém o universo de linguagem é também o universo da mais absoluta arbitrariedade, afinal as palavras não são as coisas, e seu sentido deixa sempre margem a diferentes interpretações. É por isso mesmo que os valores aos quais nos agarramos para nos proteger não necessariamente nos protegem em definitivo. E isso vale tanto para as nossas vidas individuais como para a história da humanidade.

A psicanálise, a história e a arte

Como mencionei acima, ao longo da história a cultura dispôs de diferentes valores de sustentação para o sujeito. Na Antigüidade grega, momento de inauguração do mundo ocidental, a organização da vida em cidades e o estabelecimento de suas leis de funcionamento, constituindo direitos e deveres, regulando relações sobretudo comerciais, configurava o anseio de que o direito fosse uma saída para a indeterminação das ações humanas. Esperava-se que as leis resolvessem o que era correto ser feito, acabando com o dilema que o livre-arbítrio nos impõe.

Cedo, a qualidade de cidadão mostrou-se insuficiente para abarcar todas as dimensões do sujeito, e eis que a religião, principalmente o cristianismo, veio em seu socorro. Durante quase quinze séculos, o apelo a Deus foi o recurso prevalente para o balizamento das questões da existência. Até que, pelos próprios excessos cometidos pela Inquisição, pelos efeitos da Reforma Luterana e o afloramento de mudanças sociais, políticas e artísticas radicais, o apelo à salvação divina deslocou-se para a razão.

Descartes, considerado o pai da Idade Moderna, encarna essa aspiração do homem moderno de tomar a razão, os recursos do pensamento, como medida de avaliação de si mesmo e de tudo mais. Através de uma avaliação de si mesmo, Descartes chama a atenção para os aspectos de nossa subjetividade, nossa singularidade, que podem confundir nosso raciocínio objetivo e nos fazer chegar a conclusões equivocadas. No anseio de criar métodos para neutralizar a interferência subjetiva nas proposições que se pretendiam gerais, ele abre as portas para o surgimento da ciência moderna. Esta, ao visar a criação de leis gerais e de previsibilidade, expressa o novo recurso para nos proteger tanto do que não sabemos quanto do que nos espera.

Porém, quando Descartes focaliza a interferência da singularidade de um sujeito e de suas particularidades nas produções da racionalidade, seu gesto só faz ressaltar a importância mesma da subjetividade. Essa focalização da subjetividade como o que não se conforma à razão, ou como o que a confunde, abriu os canais para o movimento oposto ao da valorização da razão cartesiana: a ênfase na emoção, nas intensidades psíquicas, naquilo que é bem próprio chamar de dimensão econômica do psiquismo, pois focaliza a existência de montantes de afeto, que operam nos investimentos e desinvestimentos psíquicos. Esse novo movimento que vai, a meu ver, inaugurar a contemporaneidade, eu proponho caracterizá-lo como momento da prevalência do apelo à libido, apelo ao amor e à sexualidade como via de solução dos problemas da vida. Será ele que dará margem ao surgimento da psicanálise.

Porém essa valorização da emoção já havia encontrado acolhida na cultura pela via das artes, ainda no tempo de Descartes, na idade dita Moderna. A arte barroca que se desenvolve nessa época, sobretudo no século XVII, é expressão da visão do sujeito afetado pela paixão. Veremos o quanto tal visão irá interessar à psicanálise. Ainda que naquele momento não fossem a libido e a sexualidade que prevalecessem como foco temático, não se pode deixar de observar a exuberância dos afetos, expressos pela via da exibição do corpo dos santos que chega quase à obscenidade, como se o ardor da alma fosse tornado visível pela focalização do corpo. Encontram-se, com isso, meios de dar visibilidade a questões de difícil apreensão.

A palavra "barroco" aparece, originalmente, como vocábulo especializado da ourivesaria para designar a pérola de forma irregular, que bem se presta, como lembra Claude-Gilbert Dubois em *Le baroque*, para que se associe nela o esplendor e a impureza. Em sua transposição para a arte, uma identidade a partir dos "defeitos" é transformada em eloqüente afirmação da natureza. Mas não foi à toa que essa expressão artística levou muito tempo para ser reconhecida como tal. Foi apenas no fim do século XIX que Heinrich Wölfflin, um historiador da arte, a reconheceu. Até então, designar uma obra como barroca era o mesmo que dizer que ela era bizarra, desproporcional, esquisita. Isso porque ela se diferenciava do que se tinha como modelo, ou seja, se diferenciava do ideal clássico de beleza, até então o único valorizado.

Barroco indica uma visão de beleza que escapa às exigências da ordem, da harmonia e do equilíbrio, próprias à visão clássica do belo. A beleza de uma *Vênus de Milo*, na qual nada excede ou falta, é completamente diferente da beleza que apresenta uma escultura de Aleijadinho, grande expressão do barroco brasileiro. Se designamos esta última como bela é porque estamos aí orientados por uma outra concepção de belo, que não está submetida a um ideal de perfeição, mas sim acolhe o dinamismo da vida, suas imperfeições, a força de suas intensidades. Em obras como as de Aleijadinho, o que vale não é a precisão das formas, mas a força de sua expressão, de seu poder de afetar a sensibilidade de quem a observa.

Dividida por visões de mundo opostas — como o sagrado e o profano, o sofrimento e a alegria, a razão e a emoção, a sensualidade e a espiritualidade, o bem e o mal, a obscuridade e a luz, a vida e a morte —, a expressão barroca é a configuração de uma crise. Tal crise, além de poder ser datável num período da história que abriga as cruzadas pelos mares, o desenvolvimento do mercantilismo, os conflitos religiosos provenientes da Reforma Luterana e uma série de questões que causaram turbulência nas verdades e nos modos de viver estabelecidos, prenuncia a própria modernidade, com tudo que esta trouxe de novidade e subversão, e não apenas para os padrões tradicionais das Academias de Belas-Artes.

Charles Baudelaire, poeta, escritor e crítico de arte francês, propôs em um pequeno ensaio intitulado *Sobre a modernidade* que a beleza é dividida em duas metades. Existe aquela do espírito clássico, que fixa as imagens na dimensão da eternidade. O que nela está posto não sugere nenhuma alteração, a imagem é apresentada como estática, alheia ao tempo e ao movimento. O exemplo da *Vênus de Milo* nos serve para observar isso. Mas o poeta lembra que a modernidade introduziu uma outra relação com a beleza: a beleza do que se movimenta, a beleza do que é transitório e mesmo do que perece. A beleza que se pode ver nos gestos, nas rugas, nas marcas da passagem do tempo. É essa dimensão de beleza na vida que é especialmente valorizada pela psicanálise.

Certa vez Freud estava passeando com um amigo por um jardim florido. Comentavam sobre a transitoriedade da beleza, a propósito, o fato de que, em breve, com a mudança das estações, aquelas belas flores não estariam mais ali. Diferentemente de uma perspectiva que veria nessa transitoriedade um motivo de pesar, ele, ao contrário, via no movimento do tempo uma afirmação da vida. O que está vivo se mexe, e é o contraste que aguça a percepção. Podemos ler isso num pequeno texto de Freud, intitulado *A transitoriedade.* Ele atesta o espírito do autor como sujeito inserido na modernidade, sensível a essa forma de beleza que vê para além do ideal. Que, mais do que enxergar o objeto, sempre finito e precário, vê para além dele.

Essa forma de ver as coisas indica tal modo de sensibilidade. Não diz respeito apenas a uma certa visão da arte ou da beleza, mas permeia todo o pensamento psicanalítico e toda a sua abordagem da condição humana. Acho mesmo que podemos dizer que a psicanálise serve para percebermos a vida e o mundo pela lente da beleza do que se movimenta, do que não se aquieta. Se isso implica um certo desassossego, uma certa falta de asseguramento, uma certa confrontação com o risco das mudanças, esse é o preço a ser pago pelo que está vivo.

Como eu disse acima, bem antes de Freud a expressão barroca já colocava em cena esse modo de exprimir a vida. O poema barroco "A uma ausência", do poeta português Antônio Barbosa Bacelar (1610-1663), é exemplar para mostrar a visão do sujeito enquanto alguém dividido, visão esta que será posteriormente tão afeita à psicanálise:

Sinto-me sem sentir, todo abrasado
No rigoroso fogo que me alenta
O mal, que me consome me sustenta,
O bem, que me entretém, me dá cuidado;

Ando sem me mover, falo calado,
O que mais perto vejo se me ausenta,
E o que estou sem ver mais me atormenta,
Alegro-me de ver-me, atormentado;

Choro no mesmo ponto em que me rio,
No mor risco me anima a confiança,
Do menos que se espera estou mais certo;

Mas se de confiado desconfio,
É porque entre os receios da mudança
Ando perdido em mim como em deserto.

Como podem observar, não estamos aí no mundo da contradição, mas no do paradoxo. Um paradoxo implica a possibilidade de se acolher idéias antagônicas, sem para isso fazer exclusões ou sínteses. O que se faz aí é afirmar a presença simultânea de elementos que são heterogêneos. Isso é tão presente na arte barroca quanto nas manifestações do inconsciente. Assim, posso expressar o sucesso e a decadência simultâneos de alguém. Por exemplo, quando pinto um quadro de uma pessoa ricamente vestida e situada num cenário estupendo e insiro nele um crânio, marcando sua degeneração — como se vê em *Os embaixadores*, de 1533, de Hans Holbein. Coisa bastante comum nas imagens barrocas e que bem podem fazer parte de sonhos, que são as expressões excelentes do inconsciente.

Nos sonhos podemos aparecer simultaneamente como crianças e velhos, como pobres e ricos, como gloriosos e decadentes, sem que uma coisa anule a outra. Também nos atos falhos — esses equívocos de linguagem que ocorrem quando queremos dizer uma coisa e dizemos outra, por vezes seu oposto — a presença do inconsciente é atestada, revelando seu modo particular de funcionamento, no qual os opostos não se anulam. Isso ocorre também em nossas fantasias, em nossos sintomas, e ainda nos chistes, esse modo peculiar de piadinhas, ditos espirituosos, através dos quais dizemos, pelo humor, o que jamais poderíamos dizer seriamente. Nossos sonhos, atos falhos, fantasias, sintomas e chistes são abordados pela psicanálise como *formações do inconsciente*. Como se pode facilmente perceber, essas produções não obedecem às leis da racionalidade consciente, que exige clareza, coerência, ausência de contradição. Elas revelam as leis de funcionamento do inconsciente e mostram que nosso psiquismo é muito mais amplo do que aquilo a que temos acesso pela nossa consciência.

Influenciados pela consciência, temos a tendência de sempre buscar semelhanças entre as coisas, abolindo diferenças e contradições. Tendemos a desprezar o que parece ilógico ou incoerente. Julgamos tudo isso uma besteira e nos afastamos do que parece equivocado. O reconhecimento do diferente como o que é errado não apenas afeta nosso pensamento racional, como até motiva inúmeros conflitos étnicos, religiosos, políticos e de diversas outras naturezas. Quando a psicanálise sublinha que o psiquismo não é só a consciência; quando valoriza nossas produções psíquicas, como sonhos e fantasias, tidas até então como bobagens, promove uma reviravolta na abordagem do psiquismo, que implica simultaneamente uma subversão na visão tradicional da vida e do mundo. O que explica o porquê de a psicanálise poder ser melhor compreendida pela arte do que pela ciência tradicional.

Não quero com isso que vocês entendam que o inconsciente é o domínio do caótico e do ilógico. Não se trata disso. A questão é que a psicanálise serviu para ressaltar o funcionamento de uma outra lógica também operante no psiquismo, que eu diria tratar-se da lógica do paradoxo. Cabe ressaltar que nesse plano do paradoxo, tão afeito ao inconsciente quanto à expressão barroca, a visão que se tem do Eu, da *afirmação de si mesmo,* como o que viria a definir o sujeito, passa a ser um tema sobre o qual recai todo questionamento. Não se tem como afirmar algo sem se perguntar pela possibilidade de seu contrário. A psicanálise vem ressaltar que o Eu não é senão a fachada de nós mesmos, do sujeito que somos. O que realmente somos escapa às possibilidades de apreensão do Eu.

O que se apresenta na arte barroca não é mais uma perspectiva de apaziguamento do ser e da vida, não é mais uma negação de sua instabilidade e dinamismo, mas sim uma focalização na aceleração do tempo. É isso que incita à desestagnação, e a uma certa pressa. Na arte barroca exibe-se um comportamento passional que revela que é preciso todo o vigor para nos defendermos do aniquilamento, sem que a morte seja por ela negada. O que a articula tanto com a posição teórica quanto com a posição clínica da psicanálise: a idéia da confrontação do homem com um limite, onde em última instância situa-se a morte, é a convocação a que se viva a vida.

A paixão e a turbulência que a arte barroca incita são as marcas indeléveis que expressam a subjetividade, não enquanto remetida a uma afirmação de si, mas em um movimento de evasão motivada pela inquietação. Poderíamos pensar que, nela, é a vida pulsional, ou seja, a energia fundamental que rege a dinâmica do sujeito, que não está encoberta em função das exigências de harmonia e ordenação. Uma visão clássica de mundo apela a tais exigências visando um plano ideal. No barroco, o Eu e a natureza são tidos como manifestações legítimas e únicas próximas da verdade, que não deve ser interpretada pela lógica intelectualista, mas sim deixada para ser expressa livremente.

Na arte barroca, trata-se de situar o infinito do ser na dimensão finita da natureza e do humano. Nessa perspectiva, o sujeito encontra-se impregnado de mundo e é mesmo confundido com ele. Daí a utilização que faço da noção de *dessubjetivação* como o que viria paradoxalmente designar a subjetividade barroca. Ou seja, na perspectiva da subjetividade barroca, o sujeito, imbricado no que o circunda, apresenta-se em evasão, exibe-se como fora-de-si, remetido intimamente ao que lhe é exterior, tendo como referência uma relação com o que o transcende. O que é bastante diferente de uma visão de sujeito enquanto um ser bem delimitado e circunscrito na consciência que teria de si mesmo, e no que se poderia definir por uma psicologia do seu comportamento.

Essa noção de dessubjetivação será preciosa para que se possam abordar questões inerentes ao que se espera do final de uma análise. Isso será retomado mais adiante, mas, só para adiantar, refiro-me à análise como o percurso que o sujeito empreende desde a investigação do que fundamenta sua constituição, do que opera em seus processos de identificação, até um certo despojamento da ancoragem que a subjetividade promove, o que se propõe chamar de destituição subjetiva. Trata-se, de certa forma, de destituir o herói épico que fizemos de nós mesmos, para o melhor e para o pior, fascinados por essa imagem na qual nos fixamos, em detrimento de vivermos a dimensão mutante da vida.

Foram os longos desdobramentos e a intensificação desses questionamentos do "si mesmo", do que é o sujeito, da participação dos afetos na formação do Eu, que vieram a fomentar algum tempo depois, na Idade Contemporânea, o surgimento da psicanálise.

A psicanálise veio tratar desse sujeito que cai de uma perspectiva ideal e vai ter que se haver com seus conflitos, suas divisões, e que tem a particularidade de aspirar que o sucesso no amor e na sexualidade resolva suas questões, como mencionei anteriormente. Esse é o nosso típico sujeito contemporâneo; somos nós. É óbvio que a abordagem da condição humana enfatizando nossa fragilidade, ou mesmo a força de nossa fragilidade, pode também ser identificada ainda nos primórdios da civilização ocidental através da invenção do teatro — como teatro trágico —, quando o homem resolveu colocar em cena não as facilidades da existência, mas justamente seus impasses. Vemos assim que esse modo de sensibilidade tem suas incidências ao longo da história da humanidade, sobretudo da história da arte. Porém, foi somente nos tempos atuais que a tentativa de resolução dos impasses da vida pela via da libido ganhou a cena.

Costumo dizer em minhas aulas e seminários que a clínica psicanalítica, embora se constitua como a "hora da verdade", promove a experiência do amor em um contexto, de certo modo, artificial. Não se trata de bater um papo com um amigo que também te pede coisas e que você encontra ocasionalmente. As sessões têm hora e lugar marcados previamente, ainda que eventualmente isso possa se alterar. Não se trata de uma relação onde as duas pessoas interagem a partir do mesmo plano, simetricamente. Se fosse, obviamente não teria por que uma pagar à outra. Pode parecer meio esquisito pensar as coisas dessa forma, mas vejamos meus argumentos.

Quando cabe procurar um psicanalista?

Quando alguém vem pedir ajuda a um analista, é obviamente porque está sofrendo ou, no mínimo, tem alguma questão que o está intrigando. Senão, nem tem sentido o encontro. É certo que, às vezes, a pessoa não tem muita idéia do que a traz. Às vezes diz: "Ah, eu vim porque minha mãe quer que eu venha." Ou: "Meu médico disse que eu precisava." Ou ainda, "É importante para o meu trabalho eu me conhecer melhor." São incontáveis as formas de as pessoas chegarem. A questão é que esse pedido de ajuda precisa ser avaliado para que o analista averigue se há algo a ser feito que seja da competência da sua função.

Nem todo sofrimento, ainda que seja um sofrimento psíquico, está na ordem de competência da intervenção de um analista. E isso não porque um analista não seja indicado para tratar certos quadros. Às vezes, ainda se questiona: será que a psicanálise serve para tratar psicótico? Ou ainda para tratar alcoolista ou toxicômano? Ou então alguém com câncer em fase terminal? São inúmeras as questões, e respondo-as dizendo que a psicanálise é indicada para tratar todo tipo de doença, dado que não tratamos a doença mas o sujeito que nela está implicado, ou seja, o sujeito que faz da doença um sintoma que chamamos analítico.

Vocês podem me perguntar: mas o que é esse *sintoma analítico*? É qualquer sintoma que seja tomado pelo sujeito como fonte de questionamento de si mesmo. É isso que faz com que um sintoma seja analisável. É claro também que não se trata de um questionamento qualquer: trata-se de um questionamento dirigido ao saber inconsciente, saber a que o analista deve dar suporte. Ou mesmo dirigido à psicanálise, desencadeado às vezes em um sujeito antes mesmo de ele ter escolhido um analista para o acompanhar. Um questionamento dirigido pela aposta de que existe, em alguma esfera do meu psiquismo, um saber que age em mim, através de uma outra lógica que não aquela que eu reconheço conscientemente.

Posso acreditar que a depressão toma conta de mim porque isso é um desígnio dos céus, uma doença hereditária, um castigo de Deus, a praga de um vizinho, o efeito de minha alimentação, ou posso ainda pensar que há em minha depressão um saber inconsciente que nela opera. Posso até vir a sentir uma secreta e sinistra satisfação que me move em sua direção, apesar da dor que ela me provoca. Será essa fé no inconsciente que fará dessa depressão um sintoma analítico, se houver um analista a quem esse sintoma passe a ser dirigido.

Acontece de alguém passar tempos intrigado com suas questões, percebendo-se nos sintomas que faz, trabalhando de certa forma sobre eles, até que um dia resolve procurar um analista. Acontece também de uma pessoa ser identificada por todos os amigos como alguém que precisa de análise, dado que está sofrendo psiquicamente, atormentando a todos que o rodeiam, mas a própria pessoa nem se dar conta disso e estar a léguas de distância de pensar em tirar algum proveito da psicanálise. Isso revela o quanto a psicanálise não é uma questão de necessidade, mas sim de desejo. Sem que a própria pessoa queira, não há análise possível.

É por isso que não é a natureza do sofrimento que delimita o campo de intervenção do analista, mas o modo de relação do sujeito com seu sofrimento, seja ele qual for. Lembro-me de um moço que me procurou para tratamento no momento em que se encontrava em franco surto psicótico. Logo que entrou no consultório, queixando-se de alucinações sinestésicas, nas quais sentia seu corpo sendo cutucado, anunciou com o que disse o longo e fecundo trajeto de trabalho que teríamos pela frente: "Falta mediação! Essa complexidade eu não suporto. Quero que a parafernália de máquinas que invadem meu pensamento possa ser substituída por uma parafernália filosófica, onde eu, como humano, encontre espaço para existir." Clamava por resgatar pela fala, pela "parafernália filosófica", recursos simbólicos que lhe protegessem da invasão do não-senso do mundo, invasão do real como algo assustador. Buscava formas de mediação para haver-se com esse real. A psicanálise trabalha nessa direção.

Com relação a essa questão da especificidade da procura de um analista, uma vez num programa de TV perguntaram-me qual era a diferença entre psiquiatra, psicólogo e psicanalista. Essa é uma questão que nos endereçam bastante freqüentemente. Na rapidez do tempo na televisão, utilizei um exemplo que me parece elucidativo, embora obviamente por demais sumário, mas que serve para nossos fins agora. Sugeri: vamos supor que você esteja com uma terrível insônia, e por causa dela vá procurar ajuda. Se sua questão é tentar eliminar de imediato a insônia e pronto, você pode recorrer a um psiquiatra, que, considerando sua insônia como sintoma de uma suposta doença, te dará um remédio para intervir no seu sintoma. Isso porque a "doença" motivadora da insônia não é senão suposta.

Digo suposta doença porque a grande diferença da psiquiatria para outros ramos da medicina é que quando você procura um médico, queixando-se de um sintoma, o médico irá tratar da causa dele, ou seja, da doença da qual seu sintoma é sinal. Assim, se você está com azia, ele não vai medicar sua azia, mas sim a gastrite, a úlcera, ou seja lá qual for a doença que é causa dela. Já no caso dos sintomas diretamente psíquicos, quando se trata de abordá-los de forma medicamentosa, a questão é bem mais complexa. Você toma o remédio para dormir, mas a "doença" que te deixa acordado permanece intocada.

Faço aqui um parêntese para comentar que caminhões de dinheiro são gastos com pesquisas sobre os sintomas psíquicos, e isso acontece também porque os psicofármacos (nome que se dá aos medicamentos correlativos a esses sintomas) são a maior fonte de rendimento dos laboratórios. Temos semanalmente o alarido de que uma nova droga irá resolver nossos males. Entretanto, apesar dos esforços, nada se consegue encontrar de definitivo, no que diz respeito à relação entre sintomas psíquicos e a doença da qual esse sintoma é sinal. A questão é que, mesmo quando se detecta uma disfunção orgânica, fisiológica ou similar, não se tem como avaliar efetivamente o que a motivou. Mesmo o famoso exemplo, sempre citado, da relação do chamado transtorno afetivo bipolar — oscilação entre mania e depressão — como efeito da deficiência de produção de lítio nada responde acerca do que motivou essa deficiência. Volta-se à velha questão: o que veio primeiro — o ovo ou a galinha?

Não quero com isso dizer que os psicofármacos e as pesquisas acerca deles são inúteis. Quero apenas alertar que não são remédios para doenças, mas sim para sintomas. Têm obviamente suas indicações, até porque há sintomas que são insuportáveis e que incapacitam a pessoa para fazer o que quer que seja, por vezes colocando até mesmo suas vidas em risco. Às vezes, devido a fatores econômicos e sociais, não há outra alternativa, e essa ajuda pode ser preciosa e fundamental. Mas o que efetivamente preocupa é o uso abusivo que deles é feito, não apenas trazendo como conseqüência pesados efeitos colaterais que portam, mas também isentando completamente do sujeito toda e qualquer responsabilidade pelo que faz com o seu psiquismo.

Iludidas com a idéia de que em algum lugar existem seres que não têm problemas, dificuldades, carências, timidez ou conflitos, as pessoas tendem a avaliar qualquer mal-estar inerente aos impasses de se ser humano como sinais de doenças sanáveis por medicações. Hoje em dia, ninguém mais fica triste, fica "deprimido" (isso até parece dar mais status). Se alguém é tímido, o que poderia ser visto como um jeito de ser que tem inclusive seu charme, é logo induzido a pensar que sua timidez é doença. A situação poderia ser ainda pior, caso as lobotomias e outras cirurgias cerebrais se encaixassem tão bem na sociedade de consumo quanto os medicamentos. Há pouco vi anunciado no jornal francês *Le Monde* um tipo de lobotomia para o que nomearam como Transtorno Obsessivo-Compulsivo, o T.O.C. Assim, até tique nervoso já tem extração cirúrgica. Já pensaram se isso se alastra, o que acontecerá?

Mas voltemos ao nosso exemplo da insônia. Vamos supor que você não se incomode de tomar remédios e siga a vida satisfeito ou conformado com isso. Ótimo! Se o que você encontra como solução está em linha de sintonia com o que você procura, isso é o mais importante.

Existe também a possibilidade de você achar que esse sintoma é decorrente do fato de sentir-se estressado, com baixa motivação, inseguro, e decidir então que ir ver um psicólogo com quem possa conversar, obter algumas sugestões, um certo apoio e incentivo, possa ajudá-lo a se acalmar. Um psicólogo focalizará suas questões no plano da consciência ou mesmo do comportamento, ou ainda a partir de exercícios cognitivos, dependendo da escola de psicologia pela qual ele se orienta. O contato escolhido pode ser regenerador para você e possibilitar-lhe meios de melhor adaptar-se no contexto de sua vida.

Ou, ainda, você pode perceber que seu sintoma não diz respeito a um estresse qualquer, mas que apareceu num momento especial de sua vida e a partir de certos fatores que escapam à sua possibilidade de apreensão consciente. Com isso, para além de se livrar dele, você pode querer também saber o que ele pode te informar acerca de seu próprio funcionamento, de como você reage na vida, de como tem se conduzido. Se você tem essa perspectiva, um psicanalista será o profissional mais indicado para ajudá-lo.

Seu sintoma será abordado numa análise como um sinal do que você é; como um modo paradoxal de obter algum tipo de satisfação, por mais sinistra que ela seja. Chama-se a isso *gozo*, o processo onde prazer e dor se entrelaçam secretamente. A expressão "volúpia do aborrecimento", do nosso querido Machado de Assis em *Memórias póstumas de Brás Cubas*, nos dá a medida desse gozo sinistro. Uma analisanda que iniciou seu tratamento queixando-se de síndrome do pânico, à qual voltarei a me referir mais adiante, após ter perdido seu sintoma, comenta lamentando-se dessa perda: "Você não sabe como é isso; no meu sintoma eu era absoluta!"

Obviamente, estou me referindo a satisfações que respondem a processos inconscientes, e que não se submetem a injunções como "não devo pensar isso, devo pensar aquilo", ou outros modos de auto-sugestão, muito em voga na atualidade. Refiro-me a sintomas que escapam à possibilidade de dominação consciente, sintomas frente aos quais o sujeito se sente impotente, tendo às vezes já tentado os métodos citados, sem contudo obter resultados.

As condições preliminares de uma psicanálise

Como vimos acima, nem mesmo a evidência de fatores psíquicos atuando na produção de sintomas, ainda que agregue um pedido de ajuda nessa direção, é suficiente para resultar num processo psicanalítico. O deslanchamento do dito processo vai depender de uma *retificação* que o sujeito faz de sua própria posição queixosa. Essa retificação o introduz no trabalho sobre o Inconsciente, através do desejo de empreender tal trabalho. Sem isso, nada feito.

Certa vez uma moça veio me procurar, encaminhada por seu médico, por causa de uma "alergia" que a deixava coberta de placas vermelhas na pele todas as vezes que via um certo vizinho. Ela chega com sua mãe e pede que a mesma entre junto no consultório. Recebo as duas, já que tenho por princípio sempre acolher o sujeito como ele estiver podendo chegar, até que se configure, ou não, a possibilidade de um trabalho a ser feito. Quando pergunto à moça se ela tem alguma idéia do que pode estar acontecendo, ela, que se diz umbandista, alega um "trabalho de macumba" feito por esse homem para prejudicá-la. Sua mãe concorda com esta versão. Tento avaliar se há alguma vacilação nessa explicação, por onde ela pudesse pensar para além dessa certeza, algo que não apenas responsabilizasse o vizinho, o "de fora", mas implicasse ela mesma, porém foi inútil. Ainda assim ela, na ocasião, diz querer voltar ao consultório, diz estar sofrendo muito com isso, e ter sido bom falar.

Na semana seguinte, ela volta com a mãe. E, novamente, pede que a mãe entre junto com ela na sala. No momento em que a percebi um pouco mais à vontade, indaguei acerca da presença de sua mãe e lhe perguntei se gostaria de me falar sozinha. Ela disse que a mãe a acompanhava em tudo e que isso era ótimo, não lhe trazia o menor problema. Problema era o vizinho macumbeiro, que ela não entendia por que queria prejudicá-la. Pedi que me falasse disso e ela disse não ter idéia, apenas raiva. Pergunto se haveria algo nela que daria margem a esse vizinho para afetá-la. Ela responde não ter nada a ver com isso, que o trabalho dele é que era forte. Embora eu não visse ainda nenhuma brecha pela qual, da função de analista, eu pudesse ajudá-la, (não pelo conteúdo do que ela trouxe, mas pela forma fechada como colocava sua questão, ou sua falta de questionamento), ela novamente afirma querer retornar.

Na terceira sessão, novamente com a mãe, ela chega radiante. Diz ter vindo para me dizer que seu problema está solucionado porque ela encontrou uma forma de cortar o "trabalho do macumbeiro". Descobriu que bastava tomar um banho de leite que as placas sumiam, e que sua mãe se incumbia de ajudá-la nisso. As duas me agradecem muito por tê-las escutado, e mãe e filha vão embora, felizes da vida.

Esse caso serve para percebermos que um pedido de ajuda não é, necessariamente, um pedido de análise. Daí a importância do que Freud propôs chamar entrevistas iniciais e Lacan, entrevistas preliminares. É preciso um tempo inicial para que se possa avaliar, tanto por parte de quem pede quanto por parte do analista, se há um trabalho possível a ser feito ali, se é o momento de empreendê-lo, e se tanto o analista quanto o candidato à análise estão dispostos.

Tanto em seus seminários quanto em seus escritos sobre a psicose, Lacan alerta sobre os riscos de se tomar em análise psicóticos que não tenham ainda deslanchado um surto. Certas intervenções, certos questionamentos do analista podem provocar o desencadeamento de uma psicose que até então não tinha se manifestado. É óbvio que isso não é desejável: o que chamamos de *surto psicótico* é uma crise que mobiliza uma angústia tal, uma avalanche de vivências tão terrivelmente dolorosas, que é melhor serem evitadas. Daí a importância de se agir com cautela. Caso se perceba que uma análise pode vir a dar início a um surto psicótico, é melhor não indicá-la. Isso é diferente para uma psicose já desencadeada. Aí nos resta tratá-la, se houver demanda para isso.

Aliás, a questão do diagnóstico em psicanálise tem um caráter muito particular. É verdade que a psicanálise toma de empréstimo termos utilizados na psiquiatria. Neurose, histeria, psicose etc, não foram palavras inventadas por Freud. Entretanto, tais termos ganham na psicanálise um novo sentido. Primeiro, o diagnóstico, seja ele qual for, não é senão uma hipótese que orienta nosso trabalho e não define uma doença, mas sim revela uma modalidade de defesa privilegiada pelo sujeito. Para fazer essa avaliação, é preciso que o analista pressuponha que o modo particular como o sujeito dirige-se a ele, o modo como ele o investe dentro do campo das pessoas com quem estabelece laços importantes — o que chamamos em psicanálise de *transferência* — denota a posição que o sujeito ocupa frente ao Outro, ou seja, frente àquilo que o referenda como sujeito e o defende de não saber quem ele é. Só pela observação do comportamento, antes que esse investimento esteja estabelecido, não há como fazer avaliação alguma.

Nos primórdios de nossas vidas, nos constituirmos como sujeitos é uma forma de nos defendermos de não sermos nada. No que um delineamento é traçado, isso implica confrontação com limites, confrontação com uma lei, que muito antes de ter suas traduções no campo social é inerente à própria delimitação do sujeito. Tal lei é tão necessária quanto dolorosa. Freud propôs designá-la *lei da castração*.

A questão de que aqui se trata não é propriamente o medo ou a angústia de uma mutilação física, mas, antes disso, a referência ao falo. Ou seja, referência a algo que vem simbolizar para nós a plena potência vital, a ausência de limites. Desde a Grécia Antiga, o falo é representado por um pênis ereto, dada a particularidade de, na comparação dos corpos, a proeminência do pênis indicar um "a mais" que se presta para ser investido imaginariamente como indicativo de poder ou de plenitude.

O que Freud designa como lei da castração é a confrontação que cada um de nós faz com o fato de nós, homens e mulheres, não termos essa plenitude creditada a esse símbolo. Os homens têm o seu representante, o pênis. Mas não têm o falo, a plena potência vital. Creditamos um gozo supremo à suposta posse dessa plena potência vital, porém só acedemos a esse gozo parcialmente. Nossa satisfação é sempre *parcial*. O que, afinal, não é ruim, já que a satisfação que falta é elemento motriz para novas buscas.

A maneira pela qual a lei da castração intervém virá configurar o modo privilegiado de *defesa* que atuou no processo de subjetivação. Baseado em Freud, sobretudo nos textos sobre as *Psiconeuroses de defesa*, Lacan propõe delimitarmos três formas privilegiadas de modalidades defensivas: neurose, psicose e perversão. Tais seriam as três maneiras de um sujeito colocar-se frente à lei da castração.

Muito sumariamente, poderíamos dizer que um neurótico é aquele que sofre com a lei. Exige a si mesmo não a perder de vista, ainda que sonhe com uma forma de burlá-la, e, quem sabe, arranjar um jeito de ver-se pleno. Um psicótico a burla, ou seja, não se apercebe dos limites — não porque o queira, mas por contingências operantes em seu processo de tornar-se um sujeito. Isso é o que permite inclusive que, no Direito, se diga que um psicótico é inimputável, ou seja, não pode responder juridicamente por seus atos transgressivos. Já com o perverso, a coisa é bem diferente. Ele não desconhece a lei, muito pelo contrário, a conhece muito bem, porém não quer saber dela. Não quer saber de limite algum, quer justamente gozar com a transgressão do limite, e, nesse sentido, é o oposto do neurótico que sofre quando acontece de transgredi-la.

A suposição diagnóstica levantada pelo analista nas entrevistas preliminares será fundamental para que ele possa avaliar suas possibilidades de intervenção. Quanto às estratégias de tratamento, será ainda necessário que ele averigúe as possibilidades do que chamamos "histericização" do sujeito. O que significa, para além de outras questões que não cabem ser abordadas agora, a possibilidade de o sujeito engajar-se na transferência com o analista para que, através do manejo dessa transferência — que implica tanto o crédito dado ao saber inconsciente suposto ao analista quanto o amor que dele é efeito —, sejam traçados os rumos da direção do tratamento.

Mencionei o amor implicado na transferência, mas que não se entenda disso que a psicanálise visa tornar as pessoas dependentes e infantilizadas!... A questão é outra. Dependentes somos todos nós, em última instância. O amor transferencial é um modo de trazer à luz essa dependência exatamente para investigar seus pontos de fixação e promover, neles, eu diria, uma certa "ventilação". A transferência na análise presta-se a ser analisada, não insuflada. Se um analista faz isso, certamente não está agindo analiticamente. Exatamente por isso um analista deve abster-se de sugerir, o que não significa recusar-se a assumir a responsabilidade de intervir, indicando a direção visada pelo trabalho analítico.

O "ensaio de análise", maneira pela qual Freud propõe designar esse período inicial do trabalho, serve ainda para que se evite a dimensão de equívoco presente no fato de se confundir a freqüência ao consultório de um analista com uma análise propriamente dita. Isso evita que se pense que uma psicanálise fracassou quando, na verdade, ela nem começou.

Obviamente, a psicanálise não se propõe a dar conta de todo tipo de sofrimento, por mais que esse sofrimento pareça perfeitamente passível de ser abordado analiticamente. É preciso, antes de tudo, que apareça alguma possibilidade de o sujeito escutar algo dele mesmo, no próprio ato de se queixar. É preciso que o sujeito se situe no que está falando e, no mínimo, se intrigue com o seu posicionamento. A função do analista é fundamental nesse processo. Fomentar no sujeito esse trabalho de investigação, de escuta da própria fala, de intriga quanto a si mesmo, é efeito do desejo que coloca um analista em ação. Se ele vai ter ou não sucesso em seus esforços vai depender da situação, mas a parte dele ele tem que fazer.

Acontece também de o sujeito que chegou se queixando do mundo, dos seus insucessos, começar rapidamente a perceber que *ele* tem a ver com isso. Que suas atitudes, seu modo de se colocar, implicam certas manifestações que, ainda que ele não tenha consciência delas, promovem a situação da qual ele se queixa. Aperceber-se disso tanto pode provocar no sujeito uma vontade de investigar que motivações são essas que o conduzem malgrado a sua vontade, quanto fazer com que ele não queira mexer nisso e interrompa o processo aí, buscando, às vezes, um recurso apaziguador, algo que não solicite dele trabalho pessoal algum.

Subvertendo as regras correntes, numa análise o sujeito paga para trabalhar. O trabalho do analista vem na pista do trabalho do sujeito. Não é à toa que a palavra paciente não é designativo da pessoa que está em análise: Freud propôs o termo analisando, e Lacan, analisante, para sublinhar ainda mais a dimensão ativa e dinâmica dessa empreitada.

Para efeito de figuração, tomando os conhecidos personagens de Dom Quixote e Sancho Pança, costumo dizer que o analisando é o primeiro, e o analista o segundo. Este último é pago sobretudo para abster-se de suas opiniões, vaidades, conceitos e pré-conceitos, enfim para emprestar-se como veículo para que o sujeito que interessa, ou seja, o analisando, nosso Dom Quixote, explore suas possibilidades de existir e apreenda algo do desejo que o move. O analista é responsável por dirigir o trabalho para que ele vá nessa direção.

Não cabe ao analista intrometer-se, dar sugestões, idéias, fazer avaliações. Freud afastou-se do método da hipnose nos primórdios de sua clínica, exatamente por evitar valer-se da sugestão, que tem sempre um poder hipnótico, considerando que fere a dignidade humana, submetendo uma pessoa às injunções da outra. Pelo fato de sermos vulneráveis à sugestão, e pelo poder de atração que ela comporta, um analista deve acautelar-se ao máximo em explorar essa via de trabalho.

Como a formação de um psicanalista passa por fundamentos que são muito mais éticos do que regulamentares; como é mesmo impossível normatizar o que se passa na clínica, dadas a singularidade e a complexidade desse método de intervenção, cabe ficarmos atentos. Recentemente assistimos perplexos aos esforços de um grupo de religiosos evangélicos que se dirigiu ao Congresso Nacional visando regulamentar a psicanálise em uma estranha associação com a religião. Nada contra a religião; a questão é que cada coisa tem seu lugar e sua pertinência.

A difusão da psicanálise trouxe, ao lado de uma certa socialização desse saber, um desvirtuamento desastroso dos fundamentos que são a base de sua eficácia no tratamento do sofrimento psíquico. Assim que comecei a me deslocar do Rio para trabalhar também no interior de Minas Gerais, me surpreendi quando vi um cartaz que, anunciando um evento intitulado Semana de Psicanálise, e que seria coordenado pelo presidente do sindicato dos psicanalistas de São Paulo e apoiado por autoridades da cidade, oferecia sessões de "psico-power" (sabe-se lá o que era isso!).

Meu estranhamento, além de tal oferta de sessões de "psico-power", veio também do fato de que, não sendo a psicanálise regulamentada como profissão, não pode ter sindicato, e muito menos presidente de sindicato. Resolvi, então, escrever um artigo para o jornal da cidade questionando o título do evento; frente ao que os organizadores, quando inquiridos pela jornalista, responderam que só tinham posto aquele nome porque a psicanálise chamava a atenção, atraía as pessoas. Eis aí um dos efeitos da nefasta difusão da psicanálise. Em seu nome, se propõe de tudo e mais um pouco...

O que fundamenta uma psicanálise não é uma *relação dual*. Ela não serve à confrontação de duas pessoas que trocam opiniões, "figurinhas", como se costuma dizer. Trata-se de um trabalho que tem funções específicas para o analisando e para o analista. Por mais que, obviamente, o analista esteja encarnado na pessoa que ele é, por mais que ele possa sentir todas as coisas que qualquer um sente, ele não está ali para atuar suas pessoalidades, mas sim para tentar até mesmo valer-se disso para averiguar a emergência do sujeito do inconsciente que se trata de investigar.

Comentei, anteriormente, dois momentos fundamentais preliminares à entrada no processo de uma psicanálise que podem ser designados como pedido de ajuda e pedido de análise. Neste último, já aparece não apenas a queixa acerca do sintoma mas também uma vontade de querer saber o que se tem a ver com isso. Aparece aí o pedido de analisar sua própria queixa. Porém, para que um processo analítico comece realmente, é preciso ainda um outro passo. É preciso que, para além do pedido de análise, compareça o *desejo de análise*. Ou seja, é preciso que o sujeito efetivamente se decida por empreender esse trabalho, apesar dos riscos que uma análise comporta. Pode ser que, diante disso, o sujeito que havia feito um pedido de análise, na hora de empreendê-la de fato, recue.

Sabemos que um sintoma — seja ele insônia, gagueira, fobia ou o que for —, por mais danos que traga, não está ali à toa. Sendo, até então, a melhor solução que o sujeito encontrou diante de um conflito, ele é melhor do que aquilo que veio, de certa forma, encobrir. A grande novidade de Freud foi tratar o sintoma não como um defeito ou degeneração, mas como *uma via de expressão do sujeito*. Expressão de algo que certamente não é fácil de ser expresso, senão o sujeito o faria diretamente. Freud percebeu que o sintoma constitui-se como uma defesa frente a algo intolerável psiquicamente. Em termos sumários, um conflito entre o desejo que move o sujeito e aquilo que o censura. O sintoma é, portanto, em si mesmo o efeito de um paradoxo. É um compromisso com o desejo que nos anima, é expressão desse desejo e, ao mesmo tempo, é a marca de seu recalcamento.

Lembro-me aqui de um outro caso bastante elucidativo da implicação do desejo no sintoma. Fui procurada certa vez por uma moça que pedia tratamento para sua filha de três anos que estava ficando "careca". O diagnóstico de alopécia, doença que promove a queda dos cabelos, tinha sido dado pelo pediatra, que observou que o problema surgiu logo após o nascimento da irmãzinha da menina, e sugeriu então que ela viesse me ver.

Depois de um longo período de entrevistas com a mãe, dado que era dela que partia a demanda — e nos cabe sempre, antes de qualquer coisa, avaliar a demanda —, a menina, que sabia de nossas sessões, pede para vir me ver. Ela mesma faz sua demanda. Quando chega, entretanto, não quer entrar no consultório sozinha comigo e pede que a mãe nos acompanhe. A menina, então, busca uma folha de papel, desenha um círculo e me mostra. Pergunto o que é, ela diz: "É você." Indago como eu estou. E ela: "Você está careca." Pergunto: "Por quê?" Ao que ela responde: "A sua cabeça está maluca. Você está pensando que está virando homem." A mãe, que assiste à cena, se espanta e me diz: "Eu passei a gravidez inteira preparando-a para ter um irmãozinho; será que ela acha que eu queria um filho homem?" E assim começou o trabalho com essa menina que, durante muito tempo, não poupava esforços na tentativa de responder ao desejo desse Outro que para ela era o mais valioso do mundo — a mãe.

A posição conflitante do desejo mostra-se aí evidente. Tornar-se careca, por pior que isso fosse, por mais "maluco" que parecesse, era para essa menina a estratégia de fazer-se o filho homem que a mãe desejou e não teve. Era sua forma de ocupar esse lugar que estava vago no desejo materno. Era a maneira de tentar garantir-se, buscando sanar a insatisfação que percebeu na mãe. Por isso, por mais que o sintoma trouxesse incômodo e mal-estar, ele apresentava-se também como fonte de satisfação. Era via de solução.

Ocorre-me ainda um outro caso, no qual a transparência dessa relação do sintoma com o desejo é, também, surpreendente. (Aliás, a clínica psicanalítica constitui-se disso.) Refiro-me a uma moça que vem me procurar queixando-se de um portentoso medo de morrer que a acometia em inúmeras situações. Chamava a isso "síndrome do pânico". Buscando investigar que medo era esse, saber do porquê do medo de morrer e não de outra coisa, ela, tentando me dizer que a questão da morte era central em sua vida, já que havia perdido muitas pessoas, inclusive o pai, na mais tenra infância, faz o seguinte ato falho: "Foi assim, quando eu morri, meu pai nasceu."

Espanta-se com o que disse, e eu corto a sessão nesse ponto, como uma estratégia para mantê-la em aberto, dando-lhe tempo para trabalhar sobre o que emergiu nela, e na sessão seguinte ela vem intrigada justamente com o que havia falado "sem querer" e que tinha ficado valorizado, justamente, por eu ter interrompido a sessão nessa hora. Quer saber da função desse sintoma de se ver morrendo reiteradamente. Muito trabalho se passa até que se surpreende ao dar-se conta de que a atualização da morte era sua via de vivificar o pai, torná-lo próximo, de alguma forma vivo, e conjugar a isso esperanças de salvação — já que creditava à morte do pai a fonte de todos os seus males.

A clínica psicanalítica não é senão a clínica do desejo e seus impasses. Deparamo-nos todo o tempo com as inúmeras estratégias do desejo que insiste em apelar à satisfação, sem nunca obtê-la plenamente. Mas que estranho desejo será esse? Pelo visto, não se trata de uma vontade qualquer.

Os destinos do desejo e a clínica psicanalítica

A psicanálise parte da idéia de que a absurda prematuridade na qual nasce o animal humano vem situá-lo numa radical condição de *desamparo*. O assédio das grandes necessidades orgânicas e o despreparo para lidar com tudo promovem um desconforto que tem derivações motoras. Ao nascimento é comum o bebê reagir gritando, chorando, esperneando, porém nada disso muda sua situação. Ela só se modifica com a intervenção de alguém que venha em socorro. Esse encontro, na hipótese de Freud, produziria uma marca psíquica, um primeiro traço de memória, configurando uma primeira experiência de satisfação. Lacan até discorda que tal primeira experiência seja, propriamente, de satisfação. Eu acrescentaria que isso nem importa, porque, no desamparo, o que quer que venha em socorro é lucro.

Assim, quando o desconforto sobreviesse novamente, o modo de saná-lo seria reeditar a memória dessa primeira satisfação, aquela que teria tirado o sujeito da situação de privação total. E a via mais imediata seria reativando a percepção da "Coisa" que teria propiciado a dita experiência, ou seja, alucinando a percepção primeira. Freud nomeia como *desejo* essa moção psíquica que busca fazer esse resgate.

O desejo portanto, enquanto conceito psicanalítico, é o remetimento a uma falta, nostalgia da suposta presença da "Coisa" que teria nos salvado do desamparo. Defesa frente à inexorabilidade do real, a que, devido ao nosso despreparo, não tínhamos como responder. Tem-se com isso uma passagem do campo da necessidade ao campo do desejo. Se somos desprovidos do *savoir-faire*, do saber-fazer que o instinto propicia, resta-nos a solução encontrada pela via do desejo.

Se por um lado isso nos salva, por outro nos traz como conseqüência o assujeitamento ao Outro que, por sua vez, também não opera sobre nós pela via de um *savoir-faire* instintual, mas pela via dos modos de constituição de seu próprio desejo. Sem esse Outro, nada feito. Não há sobrevivência possível. É isso que faz com que nós, enquanto humanos, não sejamos propriamente indivíduos, mas sim sujeitos, palavra advinda de *subjectum*, ou seja, posto debaixo.

Desse modo, nossa subjetivação se dá por uma dupla operação: por um lado, nos alienamos no desejo desse Outro, como via de salvação, porém por outro lado é preciso que nos separemos dele, para podermos constituir o nosso próprio desejo, ainda que seja para desejarmos o desejo desse Outro. Se assim o fazemos é porque há uma dimensão letal na *alienação*. Alienados no Outro, nos safamos em parte do desamparo, ancoramos em alguma significação, porém, como nenhuma significação pode resumir a complexidade da existência humana, resta sempre um ponto de vacilação do sentido, uma brecha, via pela qual erigimos o desejo que nos funda como sujeitos.

Esse desejo se aferra à Coisa que supostamente nos faria plenos, sem faltas. Coisa que se traduz por um objeto que de fato nunca existiu, que foi perdido na inscrição mesma de nossa humanidade, mas que funciona para nós como a preciosidade escondida que perseguimos, dado que na fantasia ele nos retiraria da condição de carentes ou de devedores em relação ao Outro salvador. Lacan propõe nomear esse objeto como objeto *a*. É como se a esperança fosse de que, ao obter esse objeto, eu pagasse a dívida que tenho para com o Outro e me libertasse de suas exigências.

A idéia inconsciente sobre a qual fundamentamos nosso Eu, ou seja, a *fantasia* com a qual vestimos o sujeito que nós somos, busca nos articular com esse objeto enigmático, impossível, que, caso pudesse ser apreendido, nos deixaria quites com o Outro em nossa existência, o que nos permitiria gozar plenamente, sem restrições. Seríamos então sujeitos sem faltas, emprenhados por um objeto que nos daria consistência, nos objetivaria e nos retiraria da errância.

A fantasia que norteia nossas ações, quer atinemos com ela ou não, é nosso modo singular de respondermos ao desejo do Outro tentando garantir um lugar para nós. Lugar de reconhecimento que estamos sempre perseguindo, vislumbrando um gozo a mais do qual nos sentimos particularmente privados. Aí está portanto, também, a fantasia em sua função de promover a satisfação, articulada ao desejo inconsciente.

Lacan propõe que uma análise visa o atravessamento dessa fantasia. Não se trata de dissolvê-la, ou acabar com ela, até porque não há como prescindir absolutamente dessa referência. A questão é que esse atravessamento indica uma outra modalização da relação do sujeito com o objeto, implica um certo luto desse objeto, ou, pelo menos, de seu valor absoluto, o que acarretará também um reposicionamento do sujeito na relação com o Outro, visto que a fantasia é o meio de o sujeito responder ao enigmático desejo do Outro.

Nesse vai-e-vem do sujeito ao Outro, o campo da linguagem atua como a trama na qual estamos todos enredados. Nesse sentido, o Outro, a exterioridade é o que vige no mais íntimo de nós mesmos, é o ponto de fundação de nosso próprio desejo. Esta é a razão pela qual o Inconsciente, enquanto homogêneo ao desejo, enquanto expressão mesma do desejo, é social, referenda-se no que nos vem de fora. Dessa forma, o que é exterior e o que é interior não se opõem: interconectam-se, numa torção tal como a que existe na fita de Moebius.

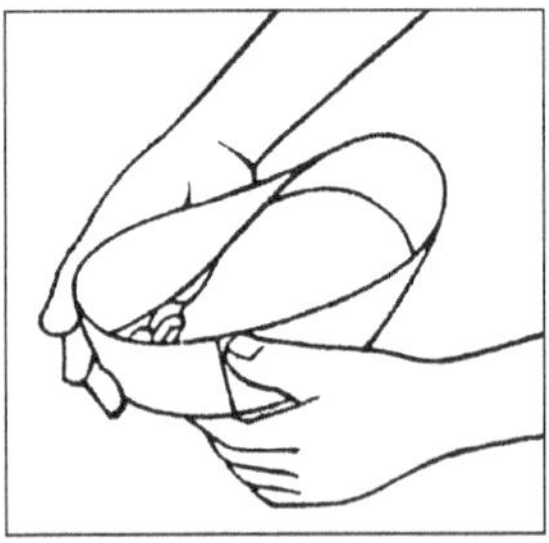

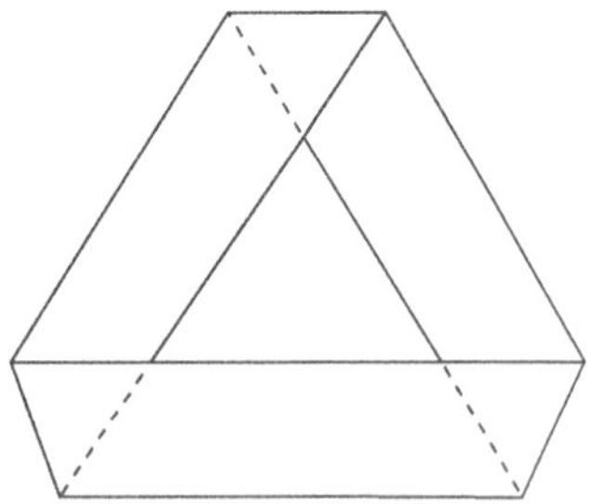

A fita de Moebius é bastante elucidativa do que estou falando e é facílima de ser construída. Se pegarmos uma fita e, segurando uma de suas extremidades, torcermos a outra em meio giro e colarmos as pontas, temos aí nossa fita. A curiosidade desse objeto é que suas duas bandas, pelo efeito da torção, passam a ser uma só: elas encontram-se agora em linha de continuidade. Se você arrastar o dedo por uma das bandas, sem atravessar a borda, chegará a outra banda. Não há mais banda interna e banda externa, dentro e fora: direito e avesso se interconectam.

Esse simples objeto subverte nosso espaço comum de representação. Lacan o escolhe para mostrar o quanto dentro e fora não se excluem no funcionamento do Inconsciente. Pode-se dizer que nossa interioridade é uma dobra da exterioridade e, nesse sentido, percebe-se que as acusações que recaíram sobre a psicanálise, criticando nela um afastamento do social, não revelam senão um desconhecimento, um não-entendimento de suas proposições mais básicas.

Assim, cabe à psicanálise ser instrumento não apenas para o que diz respeito ao trabalho clínico, estrito senso, do que se passa no consultório, mas também servir de referencial ético e teórico para inúmeras outras intervenções que podem ser dirigidas ao campo social. Trata-se aí de pensar a psicanálise como podendo ter sua função não apenas em diversas instituições como a escola, a empresa, o hospital, mas também como tendo a possibilidade de travar uma interlocução fecunda com campos como o Direito, a Medicina, a Arte, e tantos outros a quanto nos dispusermos.

Em *Psicologia das massas e análise do Eu,* Freud introduz seu texto comentando que, pelo fato de o outro contar sobremaneira em nossa vida psíquica, desde seu começo, a psicologia individual é simultaneamente psicologia social, no sentido mais lato do termo. Com isso, ele põe por terra a clássica divisão indivíduo/sociedade. E as tradicionais oposições do tipo — sujeito/coletividade, liberdade/determinação, vida/morte —, longe de serem termos que exijam tomadas de posição, são acolhidos no Inconsciente como paradoxos. O Inconsciente permanece como o lugar do desejo positivo.

Os tabus, manifestando-se por proibições, fazem com que o proibido seja tomado como a "Coisa" que falta para a plenitude do sujeito. "Coisa" esta que é, na verdade, impossível, mas que, quando posta como proibida, deixa a esperança de ser atingida através da transgressão. A proibição vem, portanto, proteger o sujeito de ter que se confrontar com a impossibilidade de satisfação plena e mantém a suspensão que fomenta o desejo. Da mesma forma os Mandamentos referem-se a desejos, do contrário não se precisaria erigi-los. O Inconsciente fica como o "lugar" do desejo positivo, e na consciência expressa no Mandamento, fica sua condenação. Tais desejos entretanto, embora incorrigíveis e indestrutíveis, sofrem destinos diversos. Podem ser projetados, deslocados, compensados, sublimados, manifestando-se de múltiplas formas.

A psicanálise e sua ética

Para a psicanálise, o apelo feito a Eros, à pulsão sexual, não exprime a totalidade da dinâmica psíquica. Ao lado da pulsão sexual, amalgamada a ela, age silenciosamente a pulsão de morte, o império do não-senso, que se opõe aos esforços da sexualidade. Não se pode então reduzir o trabalho de Freud à referência à sexualidade, ao que gravita em torno do falo, malgrado a importância disso. A participação da morte na vida faz aí sua incidência, e é reconhecida tanto na teoria quanto no rigor ético da clínica psicanalítica.

Na arte trágica, a dimensão de horror que o saber sobre a morte porta — o "antes não ter nascido" proferido pelo sábio Sileno, e que ganha tantas versões em diferentes tragédias — é transfigurada pela presença da música e pela beleza das ações e da cena, o que a purifica de toda a amargura e desencorajamento que aí poderiam se alojar e lhe dá uma perspectiva de celebração da vida em todas as suas dimensões, mesmo aquelas em que se abriga o sofrimento. Não se pretende nela a destituição do sofrimento da vida, o que amputaria da vida uma de suas dimensões fundamentais. É a expansão da vida, e não sua conservação, o que aí vigora. Aqui, uma aproximação com a interpretação nietzschiana da tragédia não é mera coincidência.

A ética da psicanálise também não recua da entrada nessa zona de horror, e certamente conta com a atuação de elementos transfiguradores, sem os quais ela seria simplesmente inviável. Em *A face oculta do amor* articulei arte trágica e psicanálise e destaquei dois desses elementos. Um refere-se à musicalidade da fala, dado que, segundo a regra fundamental da psicanálise, o sujeito é convidado a dizer, não importa o quê, marcando-se aí a primazia do que se articula ao nível do som, sobre o sentido, e assim encorajando o adentramento em terrenos difíceis de serem penetrados.

Outro elemento transfigurador operante na psicanálise diz respeito ao efeito de beleza produzido pelo manejo do amor na experiência psicanalítica, onde, via a transferência (designação do amor nessa experiência), o sujeito deve se reposicionar em sua relação ao objeto, deve ser transportado em certa medida para além do apego ao objeto, numa relativa dimensão de infinitude.

O dito popular "Quem ama o feio, bonito lhe parece" traduz bem essa relação entre o amor e o belo, percebida desde a Antiguidade, com a proposição de Platão de que o amor busca o belo. Ou seja, busca usar a beleza como um véu que serve de anteparo ao nosso inexorável remetimento à morte. Porém cabe ressaltar, com Kant, qual a abordagem do belo que nos serve. Nessa perspectiva, um objeto é reconhecido como belo não pelo que ele é em si mesmo, mas por sua capacidade de nos transportar para mais além dele, sua capacidade de nos fazer transcender. Operar com o belo dessa maneira implica também colocar em ação uma boa dose de dessubjetivação. Uma boa dose de desatrelamento do próprio apego ao Eu, como objeto de privilegiado investimento narcísico. Busca-se portanto que a ênfase na demanda de ser amado se desloque para a celebração da atividade de amar.

Se a menção à arte trágica me ofereceu meios para explicitar a lógica da ação psicanalítica e as implicações radicais do ato desejante, a menção ao barroco que introduzi no início do livro prima pela oferta de visualização do que é ainda mais invisível, do que se situa para além de toda e qualquer delimitação, mesmo aquela referida ao desejo. A ênfase dada à tragédia da subjetividade conduz a essa mencionada dimensão da dessubjetivação e suas implicações, tão bem traduzidas na maneira pela qual a arte barroca foca, ou melhor dizendo, desfoca o objeto.

É nesse sentido que, no barroco, encontro meios de situar a relação do sujeito não propriamente ao desejo, via por onde ele busca se definir, mas ao gozo, via por onde ele ultrapassa sua própria delimitação subjetiva. É a economia de gozo, ou seja, as diferentes relações à satisfação que um sujeito pode ter, que opera para além do que a linguagem pode distinguir, recortar. Reporto-me, nesse ponto, sobretudo ao gozo que se encontra mais além do que pode ser representado.

Para a tragédia, o barroco, a psicanálise e certamente alguns outros produtos da cultura, o valor da vida não se afirma pela glória da imortalidade. Se há uma afirmação da vida, é pelo valor intrínseco a ela mesma, valor esse que não recalca a relação com, e mesmo a fascinação pela, morte — relação em último termo com o irrepresentável, já que não temos no psiquismo a representação de nossa própria morte. Nelas age a transfiguração do terrível que aí se encontra, e não seu encobrimento.

Isso revela que não há Outro que possa resolver a questão da morte, ou seja, traz como conseqüência a queda do Outro e, ao mesmo tempo, uma infinitização do ser em sua impossibilidade de delimitação definitiva. Mais do que queda, o que se expressa é mesmo um ultrapassamento do Outro. É a perspectiva do movimento, da dinâmica, que ganha a cena. A figura negativa do horror é explorada naquilo que pode conter de beleza. O que aí opera é a possibilidade de uma abordagem positiva no saber sobre a morte, uma perspectiva na qual a morte não precisa ser negada.

Vale sublinhar que o não-recuo frente à ética trágica é viabilizado pela coragem proveniente de sua relação com uma dimensão que é estética. O horror que nos é próprio, que é parte mesmo da vida, só pode ser suportado através do véu transfigurador da beleza. É preciso portanto dar forma bela ao assédio da morte e de todos os assassinatos pelos quais ela clama. Quem sabe, assim, sua realização artística possa deter a sede de sua realização factual?

Para concluir, gostaria de enfatizar que certamente não foi à toa que escolhi finalizar focalizando a ética da psicanálise. A abordagem da questão "Para que serve a psicanálise?" poderia tomar diversos rumos, porém, como puderam constatar, optei por seguir fundamentalmente dois deles, e ambos orientados por essa singular perspectiva ética: um referindo-se ao que é visado pela ação de um psicanalista no estrito senso da clínica, o outro dizendo respeito a uma reflexão acerca dos efeitos pretendidos pela intervenção da psicanálise na cultura.

Considerando que o verbo "servir", situado no centro da questão título, é proveniente etimologicamente de trabalhar como servo, eu diria que a psicanálise é sobretudo serva de sua ética. Isso porque, se em termos operativos a psicanálise serve a uma infinidade de possibilidades de intervenções, dado que seu campo de ação é vastíssimo e a cada dia amplia-se ainda mais com psicanalistas atuando nas mais diversas áreas, aquilo que a distingue de outros recursos oferecidos pela cultura é propriamente o que ela visa em seu modo particular de intervir. Ou seja, o que a diferencia é sua orientação ética na maneira como aborda os impasses do sujeito, sempre tomado enquanto sujeito desejante.

Tal orientação traz conseqüências. Frente a perspectivas de ação tradicionalmente dirigidas pelo que é ideal, a psicanálise, ao contrário, serve para nos endereçar ao Real, ainda que este precise ser contornado, "amortecido", via os subsídios da linguagem e de todas as estratégias disponibilizadas pela criação humana. Colocar o Real nessa perspectiva remete ao fato de que há um limite, um impossível do qual não temos como escapar. Não se trata mais de nos julgarmos impotentes e de creditarmos a um Outro supostamente bem-dotado a potência, o regozijo, a plenitude. Trata-se de poder vir a realizar que estamos todos no mesmo barco — lembrando porém, como citei anteriormente, que se não se pode mudar a direção do vento, pode-se ao menos alterar a posição das velas e seguir, quem sabe, com mais fluência. Às vezes precisamos de ajuda para isso, e é aí que a psicanálise pode nos servir.

Referências e fontes

• As reflexões sobre a ética da psicanálise tiveram como base *O Seminário – A ética da Psicanálise,* livro 7, de Jacques Lacan (Rio de Janeiro, Zahar, 1988); meu livro *Nau do desejo: o percurso da ética de Freud a Lacan* (Rio de Janeiro, Relume Dumará, 1995); os textos de Sigmund Freud, *Além do princípio do prazer* (1920), *O futuro de uma ilusão* (1927), e *O mal-estar na civilização* (1930), in *Obras completas de Sigmund Freud* (Rio de Janeiro, Imago, 1977), além do que já foi explicitamente citado no texto.

• As articulações da psicanálise com a arte, mais especificamente com a arte trágica, são idéias que se encontram desenvolvidas em um outro livro meu, *A face oculta do amor: a tragédia à luz da psicanálise* (Rio de Janeiro, Juiz de Fora, Imago/ Editora da UFJF, 2001).

• As idéias acerca da afinidade entre a psicanálise e a expressão barroca, sugerida por Jacques Lacan em seu *O Seminário — Mais, ainda,* livro 20 (Rio de Janeiro, Zahar, 1985) é tema que venho desenvolvendo atualmente junto ao Núcleo de Estudo e Pesquisa em Subjetividade e Cultura, Universidade Federal de Juiz de Fora, tendo resultado recentemente no vídeo *Torções do gozo: uma imersão no barroco,* produzido com os pesquisadores Alex Sandro Martoni, Camila Hallack, Fabrício Siqueira Nunes, Fernanda Machado, Jean-Claude Soares, Priscila Aparecida Batista, Rafael Guarize, Raquel Ruff Peixoto, Rejane Nunes.

• A idéia da expressão barroca como configuração de uma crise que prenuncia a modernidade é de Irlemar Chiampi, em *Barroco e modernidade* (São Paulo, Perspectiva, 1998).

• Para a abordagem das questões teórico-clínicas percorri, além dos textos de Freud já mencionados ao longo da discussão, outros trabalhos seus como *A interpretação dos sonhos* (1900), *Sobre a dinâmica da transferência* (1912), *Recomendações aos médicos no exercício da psicanálise* (1912), *Sobre o início do tratamento* (1913), *Observações sobre o amor de transferência* (1914), *O inconsciente* (1915), *As pulsões e seus destinos* (1915) e *Inibição, sintoma e angústia* (1926) — todos publicados nas *Obras Completas* já mencionadas. Tais questões encontraram referência ainda sobretudo nos *Seminários* de Jacques Lacan, *Os escritos técnicos de Freud*, livro 1, e *Os quatro conceitos fundamentais da psicanálise*, livro 11 (Rio de Janeiro, Zahar, 1983 e 1985).

• As discussões acerca das condições preliminares ao tratamento psicanalítico encontraram no capítulo "O método psicanalítico", do livro *Lacan elucidado*, de Jacques-Alain Miller (Rio de Janeiro, Zahar, 1997), uma fonte fecunda de consulta. O livro de Antonio Quinet *As 4+1 condições da análise* (Rio de Janeiro, Zahar, 1993) também foi consultado.

Leituras recomendadas

• Além de sugerir a leitura dos textos que foram utilizados como referência e fonte para este trabalho, a fim de que o leitor possa fazer o seu próprio percurso por essas obras, recomendo ainda, no que diz respeito aos aspectos teóricos da psicanálise, o livro de Marco Antonio Coutinho Jorge, *Fundamentos da psicanálise: de Freud a Lacan* (Rio de Janeiro, Zahar, 2001, vol.1), por sua linguagem acessível permitir uma introdução rigorosa e clara acerca das bases conceituais da psicanálise. Nesta mesma direção encontra-se o livro *O inconsciente freudiano e a transmissão da psicanálise,* de Alain Didier-Weill, publicado em 1988 pela mesma editora, na coleção Transmissão da Psicanálise.

• No que diz respeito à clinica vale sugerir a leitura do debate "Para que serve a psicanálise?", que no livro *Circulação psicanalítica* é aberto por um artigo de Antonio Quinet comentado em seguida por Chaim Samuel Katz, Roberto Azevedo, Ana Maria Portugal, Sérgio Santana, Fábio Thá, José Martinho e Luiz Eduardo Prado de Oliveira. Esse livro, por mim organizado, foi editado pela Imago em 1992.

• Sugiro ainda a leitura das tragédias de William Shakespeare e de Paul Claudel; lamentavelmente as obras deste último, não se encontram disponíveis em português. O livro de

Nietzsche *O nascimento da tragédia* (do qual recomendo a edição da Companhia das Letras) é também referência indispensável para os que querem adentrar o caminho das reflexões sobre a tragédia. E, nessa mesma linha, o livro *Reflexões*, de F. Hölderlin, editado em português pela Relume-Dumará. Acrescentaria ainda a essa lista dois outros livros, a meu ver especialmente elucidativos no que diz respeito à tragédia. O primeiro deles é *Zaratustra, tragédia nietzschiana*, de Roberto Machado, editado pela Zahar, e o outro o livro de Gláucia Dunley *O silêncio da Acrópole*, da Fiocruz e Forense Universitária.

• Quanto à expressão barroca na arte, quem se interessar em saber um pouco mais sobre ela pode recorrer à leitura do livro de Affonso Romano de Sant'Anna *Barroco: do quadrado à elipse* (Rio de Janeiro, Rocco, 2000). Além das idéias originais, sobre o que é essa expressão na arte, a forma de o autor apresentá-las, numa composição em nada acadêmica, é ela mesma barroca.

• No que diz respeito ao aspecto literário do barroco, o livro *Poesia barroca: antologia do século XVII em língua portuguesa* (Rio de Janeiro, Ágora da Ilha, 2000) é um primor organizado por Nadiá Paulo Ferreira, que conseguiu compilar verdadeiras pérolas do estilo. Outro autor a ser mencionado nessa mesma direção é Eugenio d'Ors, que publicou o livro *Du baroque* (Paris, Gallimard, 1938), infelizmente sem tradução para nossa língua.

Sobre a autora

Denise Maurano Mello, nascida no Rio de Janeiro, é psicanalista e professora associada da Universidade Federal do Estado do Rio de Janeiro (UNIRIO), atuando no Centro de Ciências Jurídicas e Políticas e no Programa de Pós-Graduação em Memória Social. Tem doutorado em Filosofia pela Universidade de Paris XII e PUC/RJ; nesta última obteve o pós-doutorado em Letras. É membro do Corpo Freudiano do Rio de Janeiro. É autora de *Nau do desejo: o percurso da ética de Freud a Lacan* (Rio de Janeiro, Relume Dumará, 2ª ed 1999), e de *La face cachée de l'amour: investigation philosophique de la tragédie à la lumière de la Psychanalyse* (Paris, Presses Universitaires de Septentrion, 2000), posteriormente publicado no Brasil, como *A face oculta do amor: a tragédia à luz da psicanálise* (Rio de Janeiro, Imago/UFJF, 2001). Publicou também *A transferência* (Col. Passo-a-passo em Psicanálise, Rio de Janeiro, Zahar, 2006), *A histeria* (Col. Para ler Freud, Rio de Janeiro, Civilização Brasileira, no prelo). Coordenou e organizou algumas publicações. Edita o periódico eletrônico *Psicanálise e Barroco em Revista* (www.psicanaliseebarroco.pro.br). Contou com apoio do Conselho Nacional de Desenvolvimento Científico e Tecnológico (CNPq) para conceber e dirigir os vídeos: *Torções do gozo: uma imersão no barroco* (2001), financiado pela

FUNALFA/JF e Banco do Brasil; *Desdobramentos de Vênus uma viagem rumo ao continente negro* (2005) e *Matriarcado de Pindorama: a presença do feminino na cultura brasileira* (2007).

Email: dmaurano@corpofreudiano.com.br

Psicanálise **PASSO-A-PASSO**

- **O adolescente e o outro**
  Sonia Alberti
- **Mito e psicanálise**
  Ana Vicentini de Azevedo
- **Sonhos**
  Ana Costa
- **Édipo**
- **Psicanálise com crianças**
  Teresinha Costa
- **Freud: criador da psicanálise**
- **Lacan, o grande freudiano**
  Marco Antonio Coutinho Jorge e Nadiá Paulo Ferreira
- **A sublimação**
  Orlando Cruxên
- **Freud e a religião**
  Sérgio Nazar David
- **O conceito de sujeito**
  Luciano Elia
- **A teoria do amor**
  Nadiá Paulo Ferreira
- **Histeria: o caso Dora**
  Nadiá Paulo Ferreira e Marcus Alexandre Motta
- **A interpretação**
  Laéria Fontenele
- **Freud e a cultura**
  Betty Fuks
- **Política e psicanálise**
  Ricardo Goldenberg
- **A psicose**
  Andréa M.C. Guerra
- **Angústia**
  Sonia Leite
- **Linguagem e psicanálise**
  Leila Longo
- **Para que serve a psicanálise?**
- **A transferência**
  Denise Maurano
- **Depressão e melancolia**
  Urania Tourinho Peres
- **Feminino/masculino**
  Maria Cristina Poli
- **Os outros em Lacan**
  Antonio Quinet
- **A neurose obsessiva**
  Maria Anita Carneiro Ribeiro
- **Arte e psicanálise**
- **Cinema, imagem e psicanálise?**
  Tania Rivera
- **Trauma**
  Ana Maria Rudge
- **A paixão**
  Marcus André Vieira
- **Educação e psicanálise**
  Rinaldo Voltolini